# GUIDE DE L'HYGIÉNISTE

## A ROUEN

## SUR LA MORTALITÉ & L'ASSAINISSEMENT

PAR

Le Docteur Charles DESHAYES

Ancien Médecin des Hôpitaux,
Secrétaire du Conseil central d'Hygiène,
Médecin en chef des Douanes,
Délégué cantonal.

ROUEN

IMPRIMERIE DE ESPÉRANCE CAGNIARD
88, rue Jeanne-Darc, 88

—

**1888**

# GUIDE DE L'HYGIÉNISTE

## A ROUEN

## FASCICULE I

# GUIDE DE L'HYGIÉNISTE

## A ROUEN

### ÉTUDES SUR LA MORTALITÉ & L'ASSAINISSEMENT

PAR

Le Docteur Charles DESHAYES

Ancien Médecin des Hôpitaux,
Secrétaire du Conseil central d'Hygiène,
Médecin en chef des Douanes,
Délégué cantonal.

ROUEN

IMPRIMERIE DE ESPÉRANCE CAGNIARD
88, rue Jeanne-Darc, 88

—

1888

# PRÉFACE

*La plupart des grandes villes possèdent leur compendium d'hygiène.* La Société de Médecine publique, à Paris, et l'Association française pour l'avancement des sciences, *en province, ont largement contribué à ce résultat.*

*Nous n'avons rien de semblable à Rouen.*

*C'est pour combler en partie cette lacune que j'ai réuni les principaux documents relatifs à cette branche de nos connaissances.*

*Si l'on se reporte quelques années seulement en arrière, il semble que l'étude de l'hygiène n'ait jamais été en bien grande faveur dans notre ville, aussi bien dans l'esprit du corps médical que parmi les corps constitués, autorité municipale et sociétés savantes.*

*Au siècle dernier, cependant, Lepec de la Clôture avait publié d'importants travaux sur* la topographie de la Normandie *et les épidémies de la région :*

1. Observations sur les maladies épidémiques, *1770 et 1776.*

*2. Collection d'observations sur les maladies et constitutions épidémiques. Rouen et Paris, 1778.*

*Depuis Lepec de la Clôture, peu ou point de travaux, que nous sachions, ont été publiés à Rouen, et il faut arriver au 29 juin 1831 pour voir renaître l'ère de l'hygiène. C'est la date de naissance du Conseil central de Salubrité de la Seine-Inférieure. Deux mois plus tard, le 23 août, étaient créés par arrêté préfectoral les comités d'hygiène des arrondissements.*

*A partir de cette époque, nos annales contiennent de nombreux rapports, mais qui n'ont trait, le plus souvent, qu'à l'industrie.*

*Déjà pourtant, les médecins d'alors réclamaient la police médicale des inhumations, la création de postes de secours et de boîtes fumigatoires pour les noyés, etc.*

*L'élan était donné, mais il a fallu l'essor considérable imprimé de toutes parts, dans ces dernières années, en France comme à l'étranger, à cette branche si importante de la médecine, pour secouer notre torpeur, nous montrer que la mortalité à Rouen dépassait et de beaucoup celle des autres villes, et nous commander de changer, modifier ou tout au moins améliorer nos conditions d'existence.*

*Des esprits, même supérieurs, ne croyant guère à l'hygiène, encore moins à la statistique, ont contesté nos chiffres.*

*Assurément, il faut ne demander à la statistique que ce qu'elle peut donner : encore est-il que lorsqu'elle nous révèle une mortalité de 34 pour 1000, à côté d'autres villes qui ne fournissent que 20 et 22, je ne vois pas comment récuser de pareilles données.*

*Assez et trop longtemps, les appels des hygiénistes sont restés sans écho; et il est regrettable de l'avouer, mais la conviction profonde dans laquelle nous sommes tous aujourd'hui, à savoir qu'il est un grand nombre de maladies que l'on peut éviter par une hygiène bien comprise n'était pas celle de tous les médecins. Ce ne pouvait être qu'une affaire de temps.*

*Mais aujourd'hui, nous sommes heureux de reconnaître que le préfet du département, M. Hendlé; le maire de Rouen, M. Lebon, son Conseil municipal, le Conseil général, tous ceux enfin dont la haute mission est de sauvegarder la salubrité publique, partagent les idées, encouragent les efforts des hygiénistes, et se déclarent prêts à appliquer les mesures indiquées par les conseils d'hygiène.*

# SITUATION TOPOGRAPHIQUE ET GÉOGRAPHIQUE

Le voyageur qui pénètre pour la première fois dans nos murs est agréablement frappé par l'aspect général de la cité. Assise sur les bords de la Seine, la ville de Rouen est encadrée par des coteaux qui la protègent contre les vents du nord et de l'est.

« La ville de Rouen est située sur la rive droite de la Seine et vers le sommet de l'une des grandes sinuosités de la rivière qui, sur ce point, coule de l'est à l'ouest ; les constructions établies sur la rive gauche, qui sont de date récente, forment le faubourg Saint-Sever.

» Elle occupe l'espace compris entre deux vallées secondaires : en amont, la vallée de Darnétal, où coulent la rivière de Robec et celle de l'Aubette ; en aval, la vallée de Bapeaume, où coule la rivière de Clères et Cailly.

» La ville est dominée par une série de hauteurs qui l'abritent du côté du nord et qui sont, en allant de l'est à l'ouest : la côte de Saint-Hilaire ou côte des Sapins, le Mont-Fortin, le Mont-aux-Malades et le Mont-Riboudet. Ces coteaux se relient les uns aux autres, et se rattachent à un même massif légèrement découpé par des vallons très courts et à pentes rapides.

» Ce massif sépare les deux vallées de Darnétal et de Bapeaume, et le plateau qui le couronne, à une altitude de 150 à 160 mètres, est occupé par les deux villages de Mont-Saint-Aignan et de Bois-Guillaume.

» La vallée de Darnétal est dirigée à peu près du nord au sud dans sa partie supérieure.

» Entre la partie inférieure de la ville de Darnétal et la vallée de la Seine, s'avance, comme une sorte de promontoire, la côte de Sainte-Catherine qui domine la ville à l'est, etc.

» Enfin, au sud de Rouen et sur la rive gauche de la Seine, entre les deux branches de l'anse formée par la rivière, s'étend une vaste plaine où se développent le quartier Saint-Sever et les communes contiguës de Sotteville-lès-Rouen et de Quevilly.

» La population réunie de Saint-Sever, Sotteville et Quevilly, dépasse aujourd'hui 45,000 âmes.

» Le niveau de la Seine à Rouen dépend à la fois du débit de la rivière et de l'état de la mer, dont le flux et le reflux se font sentir jusqu'en aval du barrage de Martot, établi à 25 kilomètres en amont de Rouen.

» L'arrivée du flot dans la Seine donne lieu au phénomène particulier connu sous le nom de barre du mascaret.

» Le débit de la Seine varie dans des proportions notables ; dans son état moyen, il peut être estimé à 250 ou 300 mètres cubes par seconde ; à l'étiage, il se réduit à 80 mètres ; en grandes crues, il dépasse 1,500 mètres et a atteint parfois 2,000 mètres.

» D'autre part, la vitesse de la propagation du flot elle-même varie suivant que la marée est une marée de vive eau ou de morte eau.

» En vive eau, cette vitesse peut atteindre 8 mètres par seconde ou 30 kilomètres à l'heure. » (*Notice sur la ville de Rouen*, rédigée à l'occasion du *Congrès de l'Association française pour l'avancement des sciences*, par M. Vivenot).

Ces données nous serviront plus loin, notamment dans la question du tout à l'égout.

Au point de vue géolosique, la ville de Rouen est assise sur un banc de terrain sédimentaire formé de terre glauconieuse (craie verte).

A l'altitude de l'École de médecine et de pharmacie, vers la partie élevée du nord de la ville, et à une profondeur d'environ 35 mètres, se rencontre un banc de craie marneuse reposant sur la craie glauconieuse.

La partie sud est bâtie sur un terrain d'alluvion conquis sur la Seine et remblayé suivant une ligne sinueuse, marquée en ses grands points par la rue du Change, le bas de la place Notre-Dame, — où des fouilles récentes viennent de mettre à jour d'énormes pierres, bordure des anciens quais, encore garnies d'anneaux de fer qui servaient à attacher les barques ; — par les églises Saint-Vincent et Saint-Éloi, dans les anciens murs desquelles se virent longtemps les anneaux d'amarrage,

Le quartier Martainville et le Champ-de-Mars occupent l'espace marécageux où venaient se perdre en partie les eaux des petites rivières de l'Aubette et de Robec. On se figure sans peine l'insalubrité dans laquelle se trouvaient ces quartiers. Les épidémies y étaient fréquentes et des plus meurtrières, et la légende nous a transmis le souvenir de ces épidémies sous la figure d'une Gargouille qui dévorait à belles dents les habitants de la région. L'évêque saint Romain, qui vivait au viie siècle (de 626 à 639), dont les reliques sont conservées dans l'église de ce nom, sut terrasser le monstre. C'est vraisemblablement un des premiers hygiénistes de notre vieille cité.

Notre siècle, moins crédule, donnerait à la Gargouille le nom de Malaria. Il n'en faut pas moins savoir gré à l'évêque de cette époque d'avoir compris que le dessèchement des marais était la meilleure digue à opposer aux maladies épidémiques.

Vers l'emplacement occupé de nos jours par l'église Saint-Paul, existait une source d'eau minérale très à la mode pendant l'occupation romaine. On avait élevé à cet endroit un temple dédié à Apollon, et planté un bois sacré de lauriers et de myrtes, qui prospérait à merveille, grâce à l'abri de la côte et à son exposition méridionale.

L'évêque Mellon, vers l'an 300, fit boucher et perdre cette source, ainsi que plusieurs autres, qui avaient le tort grave, à ses yeux, d'être consacrées à des divinités païennes.

Que n'eût-il l'intuition de conserver ces sources, en les dédiant aux saints de son Église.

Le faubourg Saint-Sever repose en partie sur une faille marquée d'un côté par le terrain jurassique, et de l'autre par la craie blanche. L'emplacement occupé par l'église Saint-Sever marque à peu près la limite de cette séparation.

# JARDINS PUBLICS ET BOULEVARDS

SUPERFICIE D'APRÈS LE PLAN DE LA VILLE DE ROUEN

DRESSÉ EN 1883.

La superficie totale des jardins publics de Rouen est de 135,537 mètres carrés, soit 13 hectares 55 ares, ainsi répartis :

| | | |
|---|---|---|
| Jardin des Plantes............ | 9 hect. | » ares. |
| — de l'Hôtel-de-Ville :..... | 2 — | » — |
| — Solférino.............. | 1 — | » — |
| — Thuilleau ............ | » — | 93 — |
| — Sainte-Marie........... | » — | 36 — |
| — Saint-André........... | » — | 5 — |
| Total.... | 13 hect. | 34 ares. |

La longueur totale des boulevards et avenues plantés d'arbres est de 12 kilomètres, et comprend les boulevards Cauchoise, Jeanne - d'Arc, Beauvoisine, Saint - Hilaire, Gambetta.

Il existe de nombreux boulevards excentriques.

Le périmètre des limites de la ville de Rouen est de 34 kilomètres 550 mètres.

L'emplacement de Rouen semble donc des plus heureusement choisi, et lorsque les médecins de la cité signalent à l'autorité les conditions hygiéniques encore mauvaises, quoique bien améliorées, hygiène mauvaise accusée par une mortalité de 35 pour 1000, celle-ci de leur répondre ou que la statistique est mal faite ou mal interprétée, ou qu'il y a là une inconnue qu'on ne saurait résoudre et qu'il faut accepter,

« Je me demande », s'écriait M. Hendlé à une de nos réunions, « comment il se fait que la mortalité reste si considérable à Rouen, où on a tant fait pour l'hygiène depuis trente ans. »

Et, en effet, où trouver une ville mieux située que Rouen ? Parsemée d'arbres et de verdure, entourée de forêts, protégée par des coteaux, baignée par le plus beau fleuve, sillonnée de grandes voies, de boulevards et de places publiques, notre ville paraît réunir les meilleures conditions de salubrité.

Pourquoi la mortalité y reste-t-elle aussi grande ? Pourquoi y rencontre-t-on tant de tuberculeux ?

Pourquoi ? C'est ce que nous rechercherons plus loin.

# LE CHOLÉRA A ROUEN
## ET DANS LA SEINE-INFÉRIEURE
## DE 1832 A 1884.

Il n'est pas sans profit d'exposer le mode d'invasion, l'époque d'apparition, la marche et la gravité des épidémies de choléra qui ont sévi jusque-là dans le département de la Seine-Inférieure et plus particulièrement à Rouen, en vertu de ce principe d'hygiène que chaque épidémie comporte en elle-même son enseignement.

Or, cette étude rétrospective nous révèle précisément certaines particularités intéressantes.

Les archives du Conseil central d'hygiène de la Seine-Inférieure possèdent un premier rapport du docteur Vingtrinier, alors médecin des épidémies et membre du Conseil, adressé à l'autorité préfectorale à titre de rapport officiel le 25 novembre 1849, à propos de la deuxième épidémie de choléra en France.

Il ressort de ce travail :

1° Que l'épidémie de 1849 a sévi à un moindre degré qu'en 1832 (à Rouen bien entendu) ;

2° Que le choléra de 1849 a commencé ses ravages en France par le petit port de la Manche nommé Yport, qui ne comptait guère alors que trois cents habitants. Singulière coïncidence, n'est-il pas vrai, qui fait que c'est par la commune d'Yport que, en 1848, la France est envahie, et, en 1884, la Seine-Inférieure ;

3° Que c'était à la fin de novembre 1848.

Quelques jours après, en décembre, la ville de Fécamp, qui est proche voisine, est atteinte, puis le Havre.

Ce n'est que le 18 février 1849, trois mois après, que le choléra est officiellement constaté à Rouen.

L'épidémie de Rouen dura six mois.

Du 18 février au 15 novembre, il y avait eu sur 99,295 habitants :

        Cas déclarés......   524
        Décès...........   397

M. Vingtrinier concluait que :

1° La constitution atmosphérique ne peut être considérée comme un élément d'action, soit comme invasion, soit comme terminaison de l'épidémie, car le froid, le chaud, l'humide et le sec ont été observés sans faire remarquer aucune concordance ;

2° C'est toujours dans des lieux humides et parcourus par des cours d'eau que la maladie est devenue épidémique.

Rouen a été peu maltraité en 1849, comparativement à 1832. La différence est presque de moitié.

Il y eut à la fin de l'épidémie, notamment dans une commune voisine de Rouen, à Bondeville, une recrudescence.

L'épidémie de 1849 frappe sur un nombre bien moins considérable de localités qu'en 1832 ; ainsi :

En 1832......... 45 communes.
En 1849......... 9 —

Les personnes de faible constitution, et surtout d'organisation modifiée par l'abus des liqueurs alcooliques, ont été les victimes préférées.

Dès cette époque, M. Vingtrinier insistait sur les dangers de la saleté des habitants, en faisant remarquer que les ruisseaux, les plombs, les escaliers et surtout les latrines sont beaucoup trop négligés.

Passons à la troisième épidémie, celle de 1853.

Le compte-rendu des travaux du Conseil, présenté en 1854, contient également un rapport du docteur Vingtrinier.

Ce rapport, plus restreint, établit que :

1° Le choléra a semblé se concentrer à Rouen plus particulièrement dans le quartier Saint-Sever, sur la rive gauche de la Seine.

Et il ajoute : d'une manière générale, le choléra, partout où il a été observé, se développe sur le bord des rivières ou des mers ; observation confirmée à Rouen dans toutes les épidémies de choléra qui s'y sont manifestées en 1832, 1849 et 1853, la plus bénigne des trois.

Le quartier infecté était essentiellement marécageux et habité en grande partie par des blanchisseuses.

Un autre rapport, postérieurement établi et beaucoup plus complet, inséré dans nos bulletins et rédigé par un homme dont le souvenir m'est resté cher, le docteur Bouteiller, confirmait les assertions du docteur Vingtrinier.

Deux points surtout sont à noter dans le travail du docteur Vingtrinier :

1° La localisation du fléau sur la rive gauche du fleuve, à Rouen ;

2° La bénignité de l'épidémie.

Vingtrinier, il est vrai, ne cite aucun chiffre, mais il dit : l'épidémie de 1853 est la plus bénigne des trois. Or, nous venons de voir que l'épidémie de 1849 avait été elle-même beaucoup plus bénigne que celle de 1832.

Cela, encore une fois, pour notre département, car, malheureusement il n'en fut pas de même pour le reste de la France.

En effet, Bouteiller établit que l'épidémie a envahi en France 70 départements et 5,364 communes ; qu'elle y a fait 143,478 victimes.

40,000 de plus qu'en 1832,
43,000 de plus qu'en 1849.

Relativement à la Seine-Inférieure, le choléra y avait éclaté le 11 mai 1854, et fini le 11 novembre : durée, six mois.

Le nombre des communes atteintes avait été de dix-huit seulement.

Les décès des trois premières épidémies, pour le département, se répartissent de la façon suivante :

1832 .......... 2,804
1849 .......... 1,825
1854 .......... 521

Il résulte de cette statistique que, à mesure que chaque épidémie décroît en gravité, le nombre des guérisons augmente ; témoin Yport, où sur quarante-deux cas observés, il y eut vingt-quatre guérisons, plus de moitié.

Nous arrivons à la quatrième épidémie, en 1865.

Là, nous pourrions, si besoin était, faire appel à nos propres souvenirs. J'étais, à cette époque, interne à l'Hospice-Général de Rouen, et, comme mes collègues, j'eus à soigner un certain nombre de cholériques.

Or, chacun sait que cette épidémie fut des moins meurtrières, tout au moins pour le département de la Seine-Inférieure ; car ailleurs, notamment à Amiens, elle sévit avec plus de vigueur.

Importé à Marseille en juin 1865, *via* Alexandrie, le choléra de 1865-1866 se montra à Paris en septembre, et à Amiens en novembre. Ce n'est qu'en janvier 1866 qu'il paraît officiellement à Rouen à l'état épidémique.

Du rapport établi par Vingtrinier, il résulte que la marche de l'épidémie dans le département fut irrégulière.

Ici encore, mêmes causes prédisposantes : alcoolisme, saleté, encombrement, misère, etc.

L'épidémie dure onze mois ; il y eut, pour Rouen :

   Contaminés ........ 350
   Décès ............. 211

pour le département :

   Contaminés ........ 2.451
   Décès ............. 1.419

Les chiffres de Vingtrinier pour 1849 et 1854 diffèrent sensiblement de ceux de Bouteiller, lequel avait donné les suivants, comme on l'a vu plus haut à la table des décès :

   1849 ........ 1.825
   1854 ........ 521

Mais, quoi qu'il en soit, les proportions décroissantes restent les mêmes, à savoir que, à chaque apparition, le choléra perd de sa gravité pour notre département.

Il en est, du reste, de même pour toute la France, l'épidémie de 1854 exceptée.

Vingtrinier concluait : Un fait que nous avons remarqué dans cette épidémie de 1865, et qui n'est pas exceptionnel, c'est qu'au milieu du foyer général il s'est formé des foyers partiels qui ont duré un temps déterminé sans qu'on puisse expliquer clairement comment ils ont commencé, ni surtout comment ils ont cessé.

Le choléra apparaît pour la cinquième fois en France en 1873 ; mais combien encore cette cinquième épidémie est moindre en durée et en intensité.

Dans son rapport à l'administration, eu égard seulement à la ville de Rouen, Bouteiller établit que, précédé par de nombreux cas de diarrhée et d'entérites (il était l'élève et l'ami de Jules Guérin), le choléra n'apparaît à Rouen, à l'état d'épidémie, que dans les premiers jours d'août, pour prendre fin dans la première quinzaine de novembre : durée, trois mois et demi.

Les cantons de l'arrondissement de Rouen furent également contaminés ; partout très bénigne, l'épidémie à Rouen causa 272 décès.

Il paraît positif que le choléra avait fait son entrée par le Havre.

*État récapitulatif des épidémies cholériques dans le département de la Seine-Inférieure.*

|  | Contaminés | Décès |
|---|---|---|
| 1832...... | 6.190 | 2.804 |
| 1849...... | 3.523 | 1.519 |
| 1854...... | 480 | 265 |
| 1866...... | 2.451 | 1.419 |
| 1873...... | ? | ? |
| 1884...... | 42 | 18 |

Si l'on excepte les villes de Toulon et de Marseille, l'épidémie de 1884 a été bénigne en France.

On peut donc dire que le choléra, à chacune de ses apparitions, perd de sa gravité. On dirait qu'il s'acclimate. Certaines régions ont toujours été ou complètement indemnes ou très peu contaminées. Cela est vrai, surtout pour la Seine-Inférieure, pour Rouen en particulier.

Depuis longtemps, les observateurs, et au premier rang les membres du Conseil d'hygiène de la Seine-Inférieure, ont signalé la tendance du choléra à suivre et à se propager par les cours d'eau.

Cette opinion a été soutenue à l'Académie de Médecine en 1885 par M. Marey. D'où nécessité de maintenir les quarantaines maritimes.

Le petit port d'Yport paraît être un foyer d'élection ; à l'autorité de surveiller plus spécialement l'état de salubrité de ce pays.

Cette fois, tout au moins, le choléra y a été manifestement importé de Cette. Qui dit importation dit contagion, et la contagion du choléra, qui nous est toujours venue de l'Inde (et du Tonkin), n'est plus douteuse.

Si l'on vient à interroger l'époque de l'apparition du choléra, dans la Seine-Inférieure et à Rouen, on trouve qu'il se montre à la fin de novembre 1848 à Yport, et n'arrive même à Rouen qu'en février 1849.

En 1865, on le constate en janvier.

En 1884, c'est le 5 octobre que le premier décès est constaté à Yport.

C'est en hiver qu'il sévit également à Paris, en 1884.

Il ne faudrait donc pas conclure trop hâtivement à l'influence des saisons.

La ville de Rouen n'a donc pas été atteinte depuis 1873.

A Yport, on ne saurait trop rappeler que, grâce aux mesures d'isolement et de désinfection rigoureusement appliquées par notre distingué collègue et ami, M. le docteur Gibert, médecin des épidémies pour l'arrondissement du Havre, le foyer cholérique fut rapidement éteint sur place.

Dans son rapport sur l'épidémie d'Yport, M. Gibert concluait :

1° Le choléra a été importé à Yport ;

2° Il y a été importé par des effets souillés, insuffisamment désinfectés ;

3° Dès qu'ils ont été lavés, ils sont devenus des agents de contamination rapide et grave ;

4° Le choléra s'est propagé par voie de contagion, de maison en maison, et l'on a pu le suivre jour par jour, sans qu'un seul cas ait pu être attribué au transport, par l'air, du gerbe morbifique ;

5° Les mesures sanitaires, bien qu'incomplètes, puisqu'on n'a pu séparer les bien portants des malades, ont cependant réussi à éteindre le foyer ;

6° La destruction complète des déjections des cholériques, la désinfection ou la destruction des effets souillés par elles, paraissent suffisantes pour enrayer une épidémie de choléra, quand elle n'a pas encore de trop grandes proportions ;

7° *La contagion par l'air* parait être une erreur, car, à Yport, trois religieuses, trois médecins, six élèves en médecine ont vécu pendant un mois dans les conditions les plus favorables à la contagion, et il leur a suffi, pour y échapper, de prendre leurs repas loin des cholériques et d'éviter le maniement des effets souillés et humides ;

8° La question de l'eau n'a eu aucune influence sur la maladie, par la bonne raison que les Yportais ne boivent jamais d'eau.

Ces conclusions étaient trop importantes pour ne pas être citées.

Reverrons-nous le choléra à Rouen ?

Nul ne saurait le dire, et pourtant, je ne le crois pas, tant que les mesures quarantenaires seront sévèrement appliquées.

J'entends le choléra indien, car nous verrons plus loin que Rouen, plus que toute autre ville, présente chaque année, en été, un grand nombre de cholérines, diarrhées, etc.

Il est certain que sa situation topographique et l'extension considérable de son commerce maritime le mettent dans des conditions exceptionnellement favorables à l'importation du choléra. Rouen, en effet, point intermédiaire entre le Havre et Paris, situé dans l'intérieur des terres, reçoit cependant journellement, comme le Havre et Marseille, des navires de fort tonnage et de provenance exotique.

On en aura, du reste, une idée, par le rapport suivant de M. Cordier, lu au Sénat le 14 février 1885 :

« Le trafic du port de Rouen va sans cesse en augmentant. Avant 1875, son tonnage atteignait à peine 500,000 tonnes, et n'était alimenté que par le petit et le grand cabotage. Depuis cette époque, son mouvement commercial n'a cessé de se développer.

» Je ne citerai comme preuves que les quatre dernières années :

» En 1881, le tonnage est de 1.330.412 tonnes.
    1882    —    —    1.368.426    —
    1883    —    —    1.453.231    —
    1884    —    —    1.505.568    —

» Cette dernière année 1884 a eu un mouvement de 4,426 navires.

» Parmi ces navires, nous comptons quatre-vingt-quinze longs-courriers venant de Calcutta, Melbourne, San-Francisco, Bombay, Rangoon, New-Orléans, Australie, Saïgon, et de tous les points du globe ».

Ce mouvement n'a fait qu'augmenter en 1885, 1886 et 1887.

« Ainsi donc, en dix années, le port de Rouen a grandi

d'un million de tonnes, soit 300 pour 100 du trafic d'il y a dix ans. »

Il existe à Rouen, comme au Havre, un service sanitaire, mais sous la direction et la dépendance de celui du Havre. Ce service est confié à M. le docteur Launay, si dévoué et si compétent dans toutes les questions sanitaires.

Il a sous ses ordres, à Rouen, le Capitaine, un patron et un sous-patron des douanes, qui portent le nom d'agents sanitaires. Le médecin de la Douane est adjoint aux agents pour la visite des navires.

Tout navire suspect ou de provenance contaminée subit une quarantaine d'observation sur la rade, à trois kilomètres de la ville, et la visite médicale.

Peut-être y aurait-il lieu d'étendre un peu les attributions du médecin et d'élargir son mandat, mais je n'insiste pas, car on m'accuserait, avec raison, de combattre *pro domo meâ*.

Quoi qu'il en soit, la surveillance est complète et absolue, et je suis heureux de proclamer ici, à nouveau, l'entente et l'intelligence avec lesquelles le capitaine Brasse remplit ses fonctions d'agent sanitaire ; aussi, pouvons-nous affirmer que la voie d'entrée par la Seine est fermée au choléra.

# FILATURES

Depuis un siècle, le commerce du coton et de la laine a été à Rouen et dans le département des plus importants.

L'industrie du coton, notamment, a été sans cesse en se développant jusqu'à ces dernières années.

Comme les autres villes, Rouen a ressenti les effets de la crise industrielle qui sévit actuellement; aussi, combat-elle à outrance le libre-échange.

Mais, si de nombreuses fabriques ont disparu, de nouvelles, mieux outillées, se sont créées à côté, et aujourd'hui encore, l'industrie du coton et tout ce qui s'y rattache, teintureries, rouenneries, occupent un très grand nombre d'ouvriers.

Nous verrons bientôt qu'une des grandes causes de la mortalité à Rouen est la phtisie pulmonaire. Or, croyons-nous, les fabriques en sont un des foyers principaux.

Cette thèse, que je reproduis ici, je l'ai défendue au Congrès d'hygiène industrielle à Rouen, et ma conviction est restée la même depuis 1884.

## HYGIÈNE DÉFECTUEUSE DES OUVRIERS DANS LES FILATURES ET TISSAGES A ROUEN

Que les agglomérations individuelles soient pour l'homme, en général, essentiellement mauvaises, que la vie, dans un milieu surchauffé, mal aéré, chargé de poussières, soit malsaine, c'est là une vérité, reconnue partout par les hygiénistes.

Or, telle est celle de nos ouvriers de filatures à Rouen.

Il me suffira de rappeler, en quelques mots, les conditions d'existence de ces hommes, pour montrer, qu'en aucun lieu — si l'on excepte les mineurs, — le sort de l'ouvrier n'est aussi mauvais; aussi est-il, de bonne heure, frappé de déchéance vitale.

Parcourez nos fabriques, et vous serez frappés de la pâleur des visages, de la décoloration de la peau, de la maigreur du corps, de la vieillesse précoce du plus grand nombre.

Aussi, quel vaste champ de prédilection, quel admirable terrain de culture pour le bacille tuberculeux; et si la contagion ne s'opère pas directement dans l'atelier même, combien l'ouvrier, qui y séjourne et y peine douze heures, est-il tout préparé à cette contagion.

Là, en effet, aboutit trop souvent le travail en filature.

Je ne possède pas de chiffres exacts à ce sujet; mais si je démontre que le travail de la filature use beaucoup plus que toute autre industrie, et que l'ouvrier des tissages arrive plus vite à la déchéance, à la misère physiologique, ne sera-ce pas prouver que l'atelier est malsain et pernicieux.

C'est donc surtout au point de vue de la tuberculose pulmonaire qu'il convient de se placer, pour comprendre les conditions mauvaises de l'atelier.

La statistique, à laquelle on ne saurait tout demander, n'en déplaise à mon savant confrère le docteur Bertillon, ne peut fournir, en pareil cas, que des données relatives, et forcément au-dessous de la vérité. En effet, tel ouvrier qui a travaillé les premières années de sa vie adulte dans les fabriques, laisse souvent l'atelier et change de profession. La femme, devenue mère, restera à la maison, etc. D'autre part, les registres de l'état-civil, les tables de mortalité n'indiquent pas toujours les diverses professions auxquelles s'est livré l'individu.

Il est donc de toute impossibilité d'établir, chiffres en mains, dans quelles proportions exactes l'ouvrier de fabrique meurt de phthisie.

Mais ce que chacun de nous sait, ce que les médecins des grandes villes, et, si je puis dire, les médecins des centres industriels savent et voient chaque jour, c'est le nombre effrayant d'individus tuberculeux, lesquels, pour notre cité, se recrutent particulièrement dans la population ouvrière des filatures et tissages.

Peut-il en être autrement ? Non, certes, car les conditions essentiellement mauvaises et malsaines dans lesquelles vit, travaille, se meut, se nourrit, grandit et se reproduit toute la gent ouvrière, la conduisent fatalement à la phthisie pulmonaire ; et, s'il est vrai que les races latines doivent mourir de phthisie, c'est, pour le moment, la population ouvrière des filatures qui paie au fléau son plus large tribut, fléau bien plus meurtrier que le choléra, puisque ses coups sont de tout instant, de tout temps et de toute saison.

Tout d'abord, on peut établir ou mieux rappeler, car il y a unanimité d'accord sur ce point, que la phthisie pulmonaire est rare dans les campagnes, fréquente dans les grandes villes.

Je connais, dans notre département, des villages, La Feuillie et ses environs, pour citer un exemple, — pays de culture, d'élevage, très boisé, situé sur un plateau élevé, — où la phthisie est inconnue. On n'y rencontre aucun cas de tuberculose pulmonaire dans la population indigène. Si, par hasard, il s'y montre quelques tuberculeux, ce sont toujours des émigrants, des citadins ayant vécu de la vie rouennaise ou parisienne, et revenant au foyer paternel demander au climat du pays natal, aux lares de la famille, la guérison d'une maladie contractée *intra urbes*.

L'air des champs n'a-t-il pas d'ailleurs, depuis Virgile jusqu'à nous, toujours été reconnu beaucoup plus salutaire.

M. Brown-Séquard montrait récemment à l'Académie de Médecine, avec preuves à l'appui, les avantages qu'il y a pour les phthisiques de vivre en plein air. Nous sommes tous d'accord depuis longtemps sur cette question.

En 1885, le docteur Thaon, dans un mémoire intitulé : *Les Voyages en mer et les poitrinaires*, a montré que les Anglais atteints de phthisie se condamnent volontiers à des voyages prolongés sur mer, et en obtiennent des résultats très favorables.

D'autres auteurs, MM. Lombard et Jaccoud en tête, conseillent aux malades de passer l'été et le commencement de l'automne dans les hautes régions alpestres de la Suisse (Davos dans l'Engadine) ou du Tyrol, et à l'appui de leur opinion citent par centaines des guérisons incontestables.

Combien la situation, la vie matérielle sont différentes pour nos ouvriers de fabrique.

La loi Roussel, l'amélioration dans l'outillage, la bienveillante sollicitude des patrons ont atténué le sort de l'ouvrier, je veux bien le reconnaître, mais à l'heure actuelle, que ce sort laisse encore à désirer.

Levé dès cinq heures, l'ouvrier de filature, hommes, femmes et enfants, s'empressent de gagner l'atelier.

Le plus souvent, faute de temps, par goût et par habitude, l'homme et la femme arrivent à l'atelier n'ayant pris d'autre aliment, d'autre boisson qu'un petit verre d'eau-de-vie, et quelle boisson, quelle eau-de-vie ? De l'eau-de-vie de grains, de betteraves ou même de riz. D'autres, plus gourmets, prennent une infusion de café, de mauvais café additionné d'eau-de-vie.

De cinq à six heures du matin jusqu'à six, sept et huit heures du soir, parfois neuf heures et plus, l'ouvrier restera confiné dans l'établissement. Une heure, une heure et demie au plus, et pour toute la journée, sera consacrée aux différents repas ; le reste au travail, au labeur, à la corvée.

Du froid humide de la rue, l'ouvrier passe brusquement

à la température lourde et nauséabonde de l'usine. Il s'y réchauffe vite à la vérité ; mais arrive l'heure du repas ; alors, pieds et bras nus, n'ayant pour tout vêtement qu'une mauvaise chemise, un pantalon de toile ou un jupon, il sort vite, car il étouffe, il a hâte d'aspirer un air plus vif, et dans la cour pavée de l'établissement, sur le grès, le long du mur, sur le trottoir de la rue, souvent les pieds baignant dans le ruisseau, le voilà qui mange du bout des dents, car il n'a jamais de véritable appétit, quoi ? du pain, un peu de fromage, des pommes cuites ; jamais rien de réconfortant.

Bien vite aussi il se refroidit, et regagne alors l'atelier, où, de nouveau, il va accomplir sa tâche quotidienne, toussant, suant, crachant, s'agitant alternativement, et plusieurs fois par jour de la rue à l'atelier, de l'atelier à la rue. Il tousse, ai-je dit, et c'est là, en effet, une observation de chaque jour ; l'ouvrier de fabrique tousse.

N'y a-t-il pas là, je vous le demande, une cause prédisposante à la phthisie pour l'ouvrier déjà tout préparé, déjà depuis longtemps en état d'opportunité morbide et de réceptivité.

Il lui faudra, je le sais bien, le bacille pathogène, la graine, — mais le terrain est prêt à recevoir la semence, — et, ici encore, tout en éloignant la graine, si faire nous pouvons, n'oublions pas le terrain.

Prenons encore la femme mère qui allaite, et qui, de l'atelier, se rend à la crèche pour nourrir son enfant.

Combien aussi pour elle cette transition d'un milieu très chaud dans un milieu plus froid sera nuisible !

Que si maintenant la curiosité médicale nous fait franchir le seuil de l'usine et que nous jetions un regard sur les latrines, par les temps d'été et de chaleur : ici, nous verrons les liquides se déverser dans la cour, et de la cour sur la voie publique ; là, nous trouverons des cabinets mal ventilés et souillés de matières. Et cependant, ce coin si peu fleuri, ces lieux si mal odorants, ces lieux infects et puants, dirait Zola, servent de rendez-vous galants et ont le charme d'attirer hommes et femmes, vieillards et enfants, qui viennent à la dérobée et hâtivement y cacher leurs amours pudibondes. Là, bien souvent, un autre microbe se propagera, le bacille de la syphilis.

Que dire encore des jeunes gens de quinze à seize ans, qui, à cet âge, ont tant besoin d'une hygiène réparatrice.

Que dire des jeunes filles et des jeunes femmes. En pleine époque menstruelle, elles courent inconscientes du danger, légères et court-vêtues, dans la rue, au vent et à la pluie.

Si de l'hiver nous passons à l'été, les lois de l'hygiène n'en seront pas mieux observées par nos ouvriers.

A l'obligation pour eux de rester enfermés douze ou quinze heures dans une atmosphère de 25 ou 30° et plus (M. Blaise, inspecteur du travail des enfants, a observé dans la Somme des ateliers où la température était de 30 et même de 35°) vient s'ajouter le danger à la sortie d'un abaissement subit de la température extérieure. A peine sont-ils sortis de l'atelier qu'ils se précipitent à la fontaine. Heureux encore quand ils trouvent de l'eau de source.

On pourrait, n'est-il pas vrai, insister sur ce triste tableau de la fabrique, et prolonger la description affligeante du travail de l'ouvrier tisseur. A chaque heure, nous trouverions que tout ce qui l'entoure contribue à l'épuiser. Assurément il y a, sur bien des points, faute, négligence et incurie de sa part : mais les faits sont là, et c'est ce que, nous médecins, nous devons seulement constater.

A ce point de vue, on peut affirmer que le mode de fonctionnement des fabriques laisse encore beaucoup trop à désirer. Qui empêcherait, par exemple, nos industriels de créer à côté de l'atelier une ou plusieurs salles communes, sortes de réfectoires, qui seraient couvertes et chauffées, et où les ouvriers viendraient prendre leurs repas? Ils seraient au moins à l'abri des intempéries de la rue ; et l'installation de quelques baignoires, alimentées par l'eau chaude qui va se déverser à l'aqueduc, serait-elle une bien grande dépense ?

Bien différente est la vie, bien différents sont les ateliers des autres corporations ouvrières, tourneurs, fondeurs, menuisiers, charpentiers, constructeurs, et autres métiers.

Ceux-là, du moins, travaillent en plein air, ou dans de vastes ateliers, bien ventilés : toutes différentes aussi sont leurs habitudes, notamment pour les repas.

Le refroidissement brusque, plusieurs fois répété pendant la journée, la déperdition de chaleur d'un côté, de l'autre une atmosphère trop élevée, d'où résulte pour le travailleur une sudation presque continuelle, est, à notre avis, une des causes principales des bronchites dont il est atteint constamment, et qui mènent ou tout au moins prédisposent singulièrement à la tuberculose l'ouvrier tisseur ou fileur.

Que de fois ne les avons-nous pas entendus nous dire : « Tel jour et à telle heure, j'ai pris un chaud et froid, et depuis je m'étiole! » Quelques mois encore, et surviendra l'hémoptysie, qui sera la première étape de la maladie.

D'autres, en pleine santé apparente, sans prodomes, sans amaigrissement préalable, sont pris d'une hémoptysie abondante, continuent leur travail journalier et vont ainsi plusieurs mois, parfois plusieurs années, sans accidents graves jusqu'à ce qu'une nouvelle hyperémie congestive du poumon ouvre la marche désormais progressive de la tuberculose, et que la toux persistante, les sueurs, la débilité, la phthisie enfin se révèle. Ce sera le tuberculeux devenu phthisique.

Or, dans toute cette période transitoire, l'ouvrier, en puissance de tuberculose, procréera : que deviendra sa progéniture ?

D'une part, une effrayante mortalité pour les enfants ; d'autre part, un terrain tout préparé, même en dehors de toute question héréditaire, pour l'éclosion de la tuberculose, dans les mêmes milieux et par les mêmes causes.

A ces causes, il faut enfin ajouter l'exiguité et l'insalubrité des logements, les abus de toutes sortes qui découlent de la misère et du découragement, et la falsification chaque jour plus effrayante des boissons et denrées alimentaires.

Relativement au travail des filatures et tissages, je voudrais que les fabriques fussent l'objet d'inspections plus sévères et d'instructions sanitaires mieux comprises que celles qui les régissent actuellement.

Les mesures à prendre ne sauraient être trop minutieuses à l'heure actuelle où la contagion de la tuberculose ne paraît plus douteuse et où les poussières résultant des crachats desséchés est appelée à jouer un si grand rôle dans la dissémination des bacilles.

Je suis donc, n'est-il pas vrai, autorisé à conclure que le travail en filature entre pour une très large part dans l'étiologie de la tuberculose pulmonaire.

Je dois à la vérité de dire qu'un de mes anciens maîtres, Leudet, dont le souvenir me restera toujours cher, avait élevé des doutes sur mes conclusions. C'est qu'il observait dans un milieu tout différend. Mais ce qu'il n'a jamais contesté, c'est la très grande fréquence de la tuberculose à Rouen, et dans une *Étude sur la mortalité nosocomiale par tuberculose pulmonaire, faite à l'Hôtel-Dieu de Rouen*, il avait établi, avec cette rigueur minutieuse qu'il apportait dans ses statistiques, que la phthisie fournit le septième du nombre des entrées pour toutes les maladies, et plus du *tiers* de la mortalité générale.

Mais, s'il est vrai que les phthisiques peuvent guérir à l'air libre, *à fortiori*, combien l'ouvrier a-t-il de chances de ne pas devenir tuberculeux, s'il travaille dans une usine bien aérée, et s'il habite dans une maison salubre.

Ces considérations nous mènent, tout naturellement, au chapitre des logements insalubres.

# LOGEMENTS INSALUBRES

Tous les médecins sont unanimes à reconnaître que les logements mal aérés, humides, dépourvus de lumière, contribuent à l'étiolement des individus, à leur affaiblissement. C'est toujours dans les quartiers les plus encombrés, les plus sales, que le choléra, la diphtérie, la variole et toutes les maladies épidémiques ont fait le plus de victimes. Il ne saurait en être autrement.

C'est une loi naturelle, et l'on sait qu'une fleur privée d'eau et de lumière se fane et meurt promptement.

D'autre part, que de deux plantes conservées dans le même appartement, l'une dans un coin et l'autre près de la fenêtre, la première se flétrira bien plus vite que la seconde.

On sait encore que la véritable réclusion équivaut à un arrêt de mort, et que la privation de soleil et de grand air conduit promptement les prisonniers à la phthisie pulmonaire ; d'où les règlements qui ordonnent une promenade de une heure par jour aux dits prisonniers.

M. Emile Trélat, qui a une si grande compétence dans les questions d'hygiène, nous montrait au Congrès de Vienne que la distribution de lumière était mal comprise dans nos habitations.

Pourquoi ces immenses doubles rideaux qui obstruent les rayons lumineux ? Et avec ce remarquable esprit d'application qu'il apporte dans la construction de la maison, il nous invitait à convertir nos ménagères à ses idées.

Plus de rideaux, cela bouche la lumière ; sans lumière, pas de gaieté. De là ces figures de cire, ces pâles couleurs des enfants des villes. Laissez donc, sans tentures, le soleil pénétrer dans votre chambre, votre salle à manger, partout, et avec lui vous aurez mine réjouie.

Que si enfin rideaux et tentures tiennent à cœur aux femmes françaises, eh ! bien, qu'elles en changent du moins la disposition, et que la partie supérieure de nos fenêtres reste libre et dégagée.

Et il avait cent fois raison.

Pour lutter contre l'anémie des grandes villes, la malaria urbaine, dont la cause principale est l'exiguïté des logements, les hygiénistes réclament sans cesse que les maisons d'éducation, collèges et pensions, soient placées en dehors de la ville. C'est là une réforme nécessaire et qui tend à s'opérer, relativement à Rouen.

C'est encore la même idée qui a fait adopter la création, aux bords de la mer, de *sanatoria*, malheureusement trop peu nombreux en France, et il est certain que la ville de Rouen, à proximité de la Manche, pourrait facilement, chaque année, placer, pendant quelques mois sinon toute l'année, un certain nombre de ces petits scrofuleux et rachitiques qui encombrent l'Hospice-Général, ou viennent réclamer à nos dispensaires force reconstituants, dont l'action réconfortante se trouve annulée par la mauvaise condition des réduits où ils logent. En tout cas, l'essai devrait être tenté, et serait près de l'être, croyons-nous.

Dans la séance du 26 octobre 1887, M. le docteur Dubrisay communiquait à la *Société de Médecine publique* un rapport sur les colonies de vacances du premier arrondissement de Paris, et montrait que les enfants qui avaient été envoyés pendant un mois, les filles à Compiègne, les garçons à Gérardmer, en avaient retiré un réel profit.

Ce sont là vérités connues. Il ne reste plus qu'à les appliquer, et la première application pour les municipalités, c'est d'encourager les constructions des maisons ouvrières dans la banlieue. Les questions de santé priment celles de l'octroi. Et puis, si vous le voulez, reculez vos barrières, mais détassez-vous. C'est encore de faire observer les arrêtés en matière de logements insalubres, car les règlements, ils existent à Rouen, nombreux, formels; mais les faire appliquer, voilà le difficile.

Vienne le choléra ou la variole, et l'on y songe, mais l'épidémie passe et chacun d'oublier les assainissements.

Ainsi en est-il un peu partout, à Rouen comme ailleurs.

Et cependant, je reconnais volontiers qu'il a été beaucoup fait pour l'hygiène dans notre ville depuis trente ans.

Comme toutes les vieilles cités, Rouen était resserrée sur elle-même ; ses rues étroites et tortueuses laissaient difficilement pénétrer le soleil. Tel était encore Rouen à la fin du XVIII$^e$ siècle.

Mais le besoin général de bien-être, dont chacun poursuit aujourd'hui la réalisation pour lui et les siens, se fit sentir partout au XIX$^e$ siècle, et une des premières réformes qui s'opéra à Rouen fut celle de la rue et de la maison.

C'est l'époque contemporaine ; de grandes voies sont construites ; les quais sont remaniés ; on crée des jardins et des places publiques.

Mais il faut arriver en 1860 pour assister à une transformation complète ; le Maire d'alors, M. Verdrel, pratique deux larges tranchées au centre même de la ville, et commence ainsi la création de nos deux plus belles rues : la rue Thiers et la rue Jeanne-d'Arc.

Treize ans plus tard, en 1873, le quartier Martainville fut lui-même transfiguré : de nouvelles rues, des constructions récentes ont remplacé, mais en partie seulement, les habitations sordides et les ruelles qui en faisaient un foyer permanent d'épidémie, d'où suintaient par tous les pores la misère, le vice et la maladie.

La moitié de la population de ce quartier a émigré dans la banlieue, et l'hygiène y a beaucoup gagné, mais combien il reste encore à faire dans certaines rues avoisinantes!

On pourrait dire du quartier Martainville actuel que c'est une coquette dont la robe est propre, mais la chemise est sale.

Cependant, chaque année apporte son amélioration ; les rues s'élargissent, les quais s'exhaussent et s'étendent, la canalisation du fleuve est terminée. Encore vingt ans, et Rouen sera devenu une des plus belles villes de France.

De tout cela il ressort que si la municipalité a à cœur d'améliorer l'état sanitaire de notre ville, elle doit poursuivre ardemment l'œuvre commencée, assainir les maisons, assainir les rues, assainir les enfants ; car les logements insalubres, et ils sont nombreux à Rouen, entrent pour une grande part dans les causes de la mortalité générale.

# COURS D'EAU — PLUIE

La présence de cours d'eau au milieu même de la ville contribue encore à l'insalubrité.

Et d'abord, le boulevard du Mont-Riboudet, parallèle à la Seine, est bordé d'un côté par un fossé constamment rempli d'une eau stagnante. Ces fossés ne sont que rarement et toujours incomplètement curés. Ils reçoivent les détritus du voisinage et exhalent de mauvaises odeurs; la fièvre typhoïde est endémique dans cette région.

Le quartier Martainville est traversé par l'Aubette, qui circonscrit l'Hospice-Général, traverse le jardin public du Pré-Thuileau, et longe les murs de la caserne du Champ-de-Mars; les habitants, très nombreux, y jettent toutes leurs ordures, voire même leurs matières fécales, et ce n'est que depuis peu que l'Aubette a été recouverte devant la caserne seulement.

Une autre rivière, celle de Robec, de Darnétal à la Seine, traverse presque la moitié de la ville; les maisons baignent, pour ainsi dire, dans Robec. Les rues de Robec, de Damiette, et la moitié de la rue de la République reçoivent les émanations qui s'en dégagent; l'eau de ces deux rivières est constamment souillée par l'industrie.

Comme l'Aubette, Robec n'est recouverte que dans une faible étendue.

Ne sont-ce pas là encore des causes d'insalubrité ?

Enfin, il *pleut* beaucoup trop dans nos murs. On a dit que Rouen était le *pot de chambre* de la Normandie ; c'est vrai. Non seulement on y constate plus souvent qu'ailleurs d'épais brouillards, qui nous rappellent ceux de Londres, mais les pluies y sont fréquentes et abondantes. D'un côté, les montagnes ; de l'autre, la forêt de Rouvray, font que les orages viennent s'y déverser. Et puis, plus encore, la proximité de la mer influe manifestement sur l'état hygrométrique de l'atmosphère, et souvent, à l'heure de la marée, nous amène ces fameux grains qui ont établi notre réputation.

C'est ainsi que, d'après les observations météorologiques recueillies par notre savant collègue, M. Vivenot, ingénieur en chef des ponts et chaussées, la hauteur moyenne de l'eau tombée dans tout le département en 1886 a été de 862 millimètres, et le nombre de jours de pluie de cent soixante-deux.

Pour Rouen, nous trouvons :

Hauteur moyenne d'eau tombée   1.128 millimètres.

tandis que pour Dieppe....   638   —
et pour Forges ..........   604   —

*Nombre de jours de pluie :*

Rouen ......   164
Dieppe ......   147
Forges ......   122

L'altitude de Rouen, prise à l'Ile-Lacroix, n'est, du reste, que de six mètres, et la température moyenne annuelle, prise à neuf heures du matin, de onze degrés.

Si on veut bien se rappeler la bienfaisante influence sur la santé des altitudes moyennes, comme après tant d'autres nous l'avons établi au Congrès de Grenoble en 1885, dans notre travail sur l'*Aérothérapie*, on verra que Rouen réunit les plus mauvaises conditions atmosphériques.

Aussi, les affections catarrhales des voies respiratoires, bronchites et amygdalites y sont-elles communément observées.

# ÉGOUTS, VIDANGES, MORTALITÉ

Un des médecins distingués de la ville, M. le docteur Hue, conseiller municipal, a eu le grand mérite de proposer au Conseil la solution du problème de la mortalité. Dans un rapport bien étudié, il a exposé que la mortalité pour les huit dernières années était à Rouen de 34,41 pour 1,000. Il est défendu, disait-il, de vendre des denrées falsifiées; combien plus il devrait l'être, de louer et de livrer à l'habitation des logements insalubres.

Et il cite les villes de Bruxelles, Dantzig, Francfort, Berlin, Memphis, dont la mortalité surpassait la nôtre, et qui, après avoir assaini et drainé, ont vu cette mortalité s'abaisser considérablement.

Et après avoir établi que la ville de Rouen possède 16,000 fosses, dont 4,000 ont été construites ou rendues étanches par arrêté de 1883, à l'instigation, si je ne me trompe, de mon savant confrère, le docteur Duménil, il concluait à la suppression progressive des fosses d'aisance, c'est-à-dire *au tout à l'égout*.

A l'appui des mêmes idées, M. Vallin, dans un mémoire récemment paru dans la *Revue d'hygiène et de police sanitaire*, examinait les projets d'assainissement de la ville de Rouen, spécialement au point de vue de l'eau, des égouts, des vidanges et de la rue.

Ce travail, qui emprunte à la science consommée de

l'éminent professeur d'hygiène une valeur incontestable, mériterait d'être cité en entier.

J'y emprunte les particularités suivantes :

« Le sol de la ville de Rouen est profondément souillé par l'âge séculaire des fosses de vidange à fond perdu.

» Le réseau des égouts est incomplet, formé de tronçons sans homogénéité, souvent à radier plat, fissurés, construits en matériaux perméables, laissant stagner partout des matières qui se putréfient et infectent l'air des rues.

» Les ordures ménagères, les boues et les balayures des rues, les résidus des marchés séjournent trop longtemps sur la voie publique.

Nous ajouterons que le lavage des ruisseaux est trop parcimonieusement effectué.

Ainsi, voilà qui est évident pour notre distingué collègue, de fosses à fond perdu, il n'en faut plus. D'ailleurs, tout le monde est d'accord pour réclamer leur suppression complète. La question est réglée, n'insistons pas, et passons à la fosse étanche.

Et M. Vallin d'ajouter :

« La fosse étanche est un progrès évident sur la fosse à fond perdu ; mais que d'inconvénients encore ! Difficulté de contrôler l'étanchéité, foyer permanent d'insalubrité et de mauvaises odeurs qui se répandent dans la maison par les tuyaux de chute mal obturés, et dans l'atmosphère par les tuyaux d'égout, opérations rebutantes de vidange, voisinage forcé de fabriques d'engrais et de poudrette, principal obstacle à l'introduction de l'eau dans la maison, etc.

» Rien de tout cela avec le tout à l'égout, dont M. Vallin énumère ainsi les avantages : entraînement immédiat, rapide, incessant, sans aucune stagnation ; des évacuations fraîches, absence de toute fermentation, de toute mauvaise odeur, de toute culture de germes morbides, etc. La ville de Rouen peut fournir deux cents litres d'eau pure par jour et par habitant. Donc, de l'eau partout. Quand l'eau sera dans le cabinet, elle sera dans toute la maison. »

M. Vallin démontre encore que les égouts sont insuffisants, mal construits, critique la projection des matières encombrantes dans les égouts, et réclame l'obligation des boîtes à ordures ou Poubelles, le lavage des égouts par des chasses d'eau fréquentes, etc.

Jusque là, c'est parfait, en théorie tout au moins, car en pratique, que de difficultés, je n'ose dire que d'impossibilités ! Je parle toujours de Rouen, bien entendu.

Lorsqu'il s'agit d'une grande et belle rue, comme la rue Jeanne-d'Arc ou du quai, avec trottoirs et ruisseaux bien établis, avec hôtels et maisons spacieuses, cours intérieures, concierges et locataires soigneux, propres, tout cela fonctionne à merveille ; mais dans les quartiers de Martainville et de Saint-Sever, le tableau change. C'est dans la rue, sur le trottoir, dans la cour que enfants et parents déposent leurs matières fécales.

Ces inconvénients, dira-t-on, disparaîtront avec l'établissement de l'eau dans la maison. Je n'en sais rien. Il faudrait vraiment refaire la moitié non seulement des fosses d'aisances, mais des habitations.

Non pas que je combatte le tout à l'égout. J'en suis

partisan absolu, mais le mettre en pratique, là est la difficulté. Rouen n'est pas dans les mêmes conditions que Bruxelles ou Berlin.

Voilà les eaux ménagères et les matières de vidanges arrivées à la Seine.

Il y a, dit M. Vallin, deux solutions possibles : les jeter au fleuve ou bien les épurer par le sol sur des champs d'irrigation à quelques kilomètres de Rouen.

Or, tout le monde, et M. Vallin le premier, reconnaît l'impossibilité de déverser le tout à la Seine. Par suite du cours peu rapide du fleuve, le port serait vite encombré ; de plus, nos vidanges, ramenées en amont, iraient infecter Sotteville et Oissel, dont les municipalités protestent déjà, non sans raison, contre notre infection.

La *commune* de Sotteville, qui compte aujourd'hui quinze mille âmes, fatalement appelée dans un avenir prochain à être rattachée à Rouen, s'alimente encore à l'aide des puits, aussi la fièvre typhoïde y est-elle endémique. Depuis quelques années, elle a créé une distribution d'eau, mais cette eau est prise dans la Seine, amenée dans un vaste réservoir, et de là, après filtration forcément incomplète, distribuée aux habitants, dont beaucoup la boivent ainsi inconsciemment.

Avec le tout à l'égout, nous serions à Toulon.

N'y eût-il que cet obstacle, et il en est d'autres, que le tout à l'égout par le fleuve est impraticable à Rouen. Il faut donc adopter l'épuration par le sol sur des champs d'irrigation ; quatre cents hectares nous suffiraient ; on les trouvera facilement.

Tout cela, je le veux bien, et même je le réclame ; la

question de dépenses n'est rien, quand il s'agit de la vie humaine ; mais il faut s'entendre.

Voyons d'abord les conclusions de la Commission :

1° Achever le réseau des égouts suivant un plan d'ensemble, et améliorer les égouts imparfaits ;

2° Prohiber le dépôt direct des ordures ménagères sur la voie publique ;

3° Faciliter l'abonnement à l'eau du service public dans les maisons ;

4° Autoriser, dès à présent, à titre révocable, l'établissement de la vidange de l'égout dans les rues où l'administration aura déclaré que la canalisation est appropriée à cet usage ;

5° Exiger dans toutes les maisons la ventilation au dessus du toit, des tuyaux des eaux ménagères ;

6° Continuer, pendant quelques années encore, à déverser dans la Seine le contenu total des égouts.

Eh bien mais, nous ne sommes plus d'accord.

Nous laisserions s'établir à la sourdine le tout à l'égout par la Seine; que non pas. Avant d'adopter le système d'assainissement aujourd'hui reconnu comme bien supérieur aux autres systèmes, organisons immédiatement et avant toutes choses notre champ d'épuration avec toutes ses conséquences, canalisation spéciale, machines de refoulement, etc. Ce que Paris et Berlin ont fait, Rouen peut le faire plus aisément. Sinon, non. Permettre dès maintenant, et l'infection n'est déjà que trop évidente, la projection des vidanges à la Seine, c'est reculer indéfiniment la solution. Pour ne pas infecter le sous-sol, vous polluez la Seine : c'est déplacer la difficulté, non la résoudre.

Et puis soyons logiques. Et si nous prétendons imposer nos conseils aux municipalités qui ont la sauvegarde et la responsabilité des intérêts publics, que toutes nos réclamations soient frappées au coin de la rigueur scientifique.

De tout temps, nous nous sommes élevés contre la pollution des eaux de rivières.

Témoin le règlement général pour la police du port fluvial de Rouen, en vertu des ordonnances de 1790, 1791, 1802, 1810, 1811, 1842, 1867, qui dit formellement :

« Art. 28. — Il est défendu de jeter des terres, des décombres, des odeurs ou des matières quelconques dans les eaux du port et de ses dépendances ;

» D'y verser des liquides insalubres ;

» De faire aucun dépôt sur les parties des quais réservés à la circulation. »

D'autre part, la loi de 1791 fait défense absolue aux villes de salir les cours d'eau qui les traversent.

Enfin, dans sa séance du 18 octobre 1884, l'*Académie de Médecine*, à l'unanimité (et M. Vallin en est un des membres les plus autorisés), émettait les vœux suivants :

« 1° L'eau qui sert à l'alimentation doit être exempte de toute souillure, quelle qu'en soit la provenance ;

» 2° La contamination de l'eau par les matières fécales humaines est particulièrement dangereuse. Toute projection de cette nature, quelle qu'en soit la quantité, dans les eaux de source, de rivière ou *de fleuve*, doit être *absolument* et *immédiatement* interdite. »

Sommes-nous en droit, après cela, de tolérer la vidange à la Seine, je ne le crois pas.

Le docteur Pennetier, médecin des épidémies pour l'arrondissement de Rouen, a mieux fait sentir les deux principales causes de notre mortalité.

Du dernier rapport qu'il a présenté à M. le Préfet sur les épidémies, résultent les documents suivants :

« On a, dit-il, enregistré à Rouen, de 1878 à 1886, mort-nés compris, 29,153 décès ; et en prenant pour base la population totale du dénombrement officiel de 1881, c'est-à-dire 105,906 habitants, on arrive à une moyenne de 34,41 décès pour 1,000 habitants. Cette moyenne est d'autant plus considérable qu'il n'y a pas eu d'épidémie réellement meurtrière durant ces huit années.

» La nomenclature des causes de décès pour la période 1878-1886 comprend :

| | |
|---|---:|
| » Maladies épidémiques et virulentes | 1.764 |
| »   —   virulentes | 262 |
| »   —   endémiques, fièvre intermittente | 19 |
| » Diathèses, tuberculose, cancer, rhumatismes, goutte, diabète | 3.895 |
| » Maladies du système nerveux | 2.644 |
| »   —   de l'appareil circulatoire | 3.753 |
| »   —       —       respiratoire | 5.409 |
| »   —       —       digestif | 5.295 |
| »   —   génito-urinaires et annexes | 691 |
| » Affections puerpérales | 123 |
| » Maladies de la peau et du tissu cellulaire | 305 |
| »   —   des organes de la locomotion | 401 |
| » Mort-nés | 1.211 |

» Nouveau-nés ....................... 802
» Vieillesse... ....................... 1.318
» Morts violentes..................... 697
» Causes inconnues, non spécifiées....... 454

» Les décès par maladies épidémiques se répartissent ainsi :

| Années | Fièvre typhoïde | Variole | Rougeole | Scarlatine | Coqueluche | Diphtérie |
|--------|-----------------|---------|----------|------------|------------|-----------|
| 1878   | 86              | 2       | 3        | 1          | 33         | 11        |
| 1879   | 89              | 5       | 20       | 4          | 20         | 9         |
| 1880   | 86              | 232     | 7        | 20         | 17         | 11        |
| 1881   | 76              | 57      | 14       | 7          | 20         | 11        |
| 1882   | 102             | 2       | 1        | 3          | 14         | 130       |
| 1883   | 130             | »       | 19       | 5          | 27         | 171       |
| 1884   | 51              | »       | 13       | 9          | 2          | 96        |
| 1885   | 28              | 6       | 35       | 11         | 4          | 61        |

» Les maladies de nature épidémique n'ont donc déterminé que 1,761 décès sur 29,153.

» Les affections thoraciques   3,516
» La tuberculose........   2,979
» L'entérite............   3,381

» En temps normal, dit M. Pennetier, les deux genres d'affections les plus meurtrières à Rouen sont *la tuberculose* et les *dérangements du tube digestif*.

» L'effrayante mortalité par la tuberculose est si bien le cas normal à Rouen, que sur 3,567 décès qui eurent lieu dans le service de Leudet à l'Hôtel-Dieu, de 1855 à 1885, c'est-à-dire pendant une période de trente années, plus du tiers, soit 1,447, se rapportent à la tuberculose pulmonaire.

» Naissances dans la ville de Rouen pendant l'année 1886 :

» Habitants : 107,163.

| » Naissances | 2.849 |
|---|---|
| » Décès | 3.931 |

» Différence en plus des décès   1.082 »

Ce rapport est des plus concluants.

Et d'abord, les décès l'emportent sur les naissances. C'est là une plaie sociale, plus évidente à Rouen que partout ailleurs. Mais nous ne mourons pas plus à Rouen par maladies épidémiques que dans les autres villes. La statistique et les conclusions de M. Pennetier sont absolument conformes à celles de notre savant ami, M. Bertillon.

La tuberculose pulmonaire et l'athrepsie des enfants, voilà l'ennemi.

Or, qu'on y réfléchisse bien.

Quel est surtout le danger des vidanges mal faites, des fosses d'aisances pernicieuses, des égouts insuffisants et mal compris ?

C'est la propagation des microbes pathogènes, ce sont les maladies épidémiques ; et si la tuberculose est contagieuse dans une certaine limite, ce n'est assurément pas par les égouts ni par les vidanges qu'elle s'opère.

Encore une fois, je reconnais la très grande utilité de remanier la construction de nos fosses d'aisances et de nos égouts, et même d'adopter complètement le système du tout à l'égout. Mais l'ennemi, répétons-le encore, c'est la tuberculose et l'athrepsie, bien plus encore que l'alcoolisme : car, à Londres et à Paris, on boit tout autant d'alcool impur qu'à Rouen, et on y meurt moins.

On s'expose à de graves erreurs si on compare dans leur mortalité des villes comme Londres, Bruxelles, Paris et Rouen. La situation topographique, les mœurs, le climat, l'industrie sont tout différents.

Prenons la ville de Nice pour exemple. La mortalité y est de 40 pour 1,000. Est-ce que, par hasard, Nice est plus insalubre que nos villes du Nord ? Non, cela tient à ce que beaucoup d'étrangers vont y mourir.

Et puis enfin, les statistiques sont-elles toutes établies sur les mêmes bases ? Je ne le crois pas.

Les grandes villes ci-dessous donnent la mortalité suivante :

| | | | |
|---|---|---|---|
| Paris | 26 | Londres | 20.6 |
| Lyon | 25 | Amsterdam | 28.3 |
| Marseille | 34.7 | Bruxelles | 24.2 |
| Bordeaux | 27 | Strasbourg | 26.2 |
| Lille | 26.7 | Berlin | 27.1 |
| Nantes | 25.5 | Vienne | 26.9 |
| Saint-Étienne | 23.5 | Prague | 33.6 |
| Reims | 29.9 | Copenhague | 23.9 |
| Besançon | 28.6 | Saint-Pétersbourg | 32.4 |
| Bayonne | 24.5 | Turin | 34.2 |
| La Rochelle | 25.7 | Madrid | 32.4 |
| Nancy | 23.69 | Bukarest | 28.1 |
| Nice | 39.9 | Genève | 19.91 |
| Le Havre | 31 | | |
| Rouen | **34.41** | | |

Partout la mortalité va en diminuant. A Rouen, elle augmente. Cependant, en 1887, elle n'a été que de 28,44.

Eh bien ! je ne pense pas que l'écart soit, en réalité, aussi considérable.

Nos statistiques sont *mal faites* ou *trop bien faites*, comme l'on voudra.

Est-il juste, par exemple, de faire entrer en ligne de compte dans les décès les mort-nés ? Les nouveau-nés ? Et les morts violentes (suicides, etc.) ?

Il y aurait encore à éliminer les décès des prisons, dont la mortalité est toujours, comme on sait, beaucoup plus grande que celle des habitants ; de même pour les casernes. Prisonniers et soldats ne sont que des passagers qui ne font point partie intégrante de la population.

Or, nous avons à Rouen 1,800 prisonniers et 2,500 soldats.

Mais n'eussions-nous, après réduction, qu'une mortalité de 30 pour 1,000, ce serait encore beaucoup trop, en comparaison de celle des autres villes que nous avons vue plus haut.

# PUBLICATIONS DU MÊME AUTEUR

**Recherches thermométriques dans la fièvre typhoïde,** 1870.
**Notice sur la fièvre herpétique,** in *Gazette hebdomadaire*, 1871.
**Considérations physiologiques sur l'ovulation, à propos d'un cas d'éclampsie.**
**Troubles nerveux syphilitiques chez l'homme,** in *Gazette hebdomadaire*.
**De la leucorrhée catarrhale aiguë chez les femmes pléthoriques de la campagne.**
**Cas de rage après une longue incubation,** in *Bulletin de la Société de Médecine*.
**Du traitement de la fièvre typhoïde par l'aconit,** in *Gazette hebdomadaire*, 1875.
**De la dépopulation en France,** in *Gazette hebdomadaire*, 1876.
**Traitement du delirium tremens par l'alcool,** in *Gazette hebdomadaire*, 1880.
**Du muguet épidémique dans la fièvre typhoïde,** in *Gazette hebdomadaire*.
**De la quarantaine à Rouen,** in *Gazette hebdomadaire*, 1882.
**Inspection sanitaire des Ecoles** (Association française), 1883.
**Hygiène des ouvriers de filature à Rouen** (Société industrielle), 1884.
**De la mortalité des enfants à Rouen** (Association française), 1884.
**Du rôle des microbes en médecine** (Conseil d'hygiène de la Seine-Inférieure), 1884.
**De l'orchite dans la fièvre typhoïde** *(Journal de Médecine pratique)*, 1885.
**Du rôle des ptomaïnes dans l'altération des substances alimentaires** (Conseil d'hygiène de la Seine-Inférieure), 1886.
**Les eaux minérales et l'aérothérapie** *(Carte d'hydographie médicale)*, Grenoble, 1885.
**De la récidive de la fièvre typhoïde** (Association française, Nancy).
**Contribution à l'étude de l'étiologie de la fièvre typhoïde** *(Revue sanitaire de Bordeaux)*, 1887.

www.ingramcontent.com/pod-product-compliance
Lightning Source LLC
LaVergne TN
LVHW020040090426
835510LV00039B/1318